BEI GRIN MACHT SICH IHR
WISSEN BEZAHLT

Christopher Krause

Voice over IP versus klassisches Festnetz

Status quo des Softwareprojekts und Zukunftsaussichten

GRIN Verlag

Bibliografische Information der Deutschen Nationalbibliothek:

Die Deutsche Bibliothek verzeichnet diese Publikation in der Deutschen National-
bibliografie; detaillierte bibliografische Daten sind im Internet über http://dnb.d-
nb.de/ abrufbar.

Impressum:

Copyright © 2012 GRIN Verlag GmbH
Druck und Bindung: Books on Demand GmbH, Norderstedt Germany
ISBN: 978-3-656-39724-3

Dieses Buch bei GRIN:

http://www.grin.com/de/e-book/211571/voice-over-ip-versus-klassisches-festnetz

GRIN - Your knowledge has value

Der GRIN Verlag publiziert seit 1998 wissenschaftliche Arbeiten von Studenten, Hochschullehrern und anderen Akademikern als eBook und gedrucktes Buch. Die Verlagswebsite www.grin.com ist die ideale Plattform zur Veröffentlichung von Hausarbeiten, Abschlussarbeiten, wissenschaftlichen Aufsätzen, Dissertationen und Fachbüchern.

FOM Hochschule für Oekonomie & Management

Fachbereich Wirtschaftsinformatik

Berufsbegleitender Studiengang

M.A. IT-Management

Seminararbeit

über das Thema

Voice over IP versus klassisches Festnetz -

Status quo des Softwareprojekts und Zukunftsaussichten

Lehrveranstaltung:

Software-Engineering, IT-Projekt- u. Qualitätsmanagement

Verfasser:

Christopher Krause

Köln, den 26. März 2013

Inhaltsverzeichnis

Abbildungsverzeichnis

Tabellenverzeichnis

Abkürzungsverzeichnis

Abkürzung	*Bedeutung*
DSL	Digital Subscriber Line
EC	Electronic Cash
FoIP	Fax over IP
FVSt	Fernvermittlungsstelle
HTTP	Hypertext Transfer Protocol
IEEE	Institute of Electrical and Electronics Engineers
IETF	Internet Engineering Task Force
IP	Internet Protocol
ISDN	Integrated Services Digital Network
IT	Informationstechnologie
ITU	International Telecommunication Union
MOS	Mean Opinion Score
OVSt	Ortsvermittlungsstelle
PSTN	Public Switched Telephony Network
QoS	Quality of Service
RFC	Request for Comments
RTCP	Real-Time Transport Control Protocol
RTP	Real-Time Transport Protocol
SIP	Session Initiation Protocol
TA	Teilnehmeranschluss
T-Systems	T-Systems International GmbH
TVSt	Transitvermittlungsstelle
VoIP	Voice over Internet Protocol

1 Einleitung

„Ich habe mir immer gewünscht, dass mein Computer so leicht zu bedienen ist wie mein Telefon. Mein Wunsch ging in Erfüllung: Mein Telefon kann ich jetzt auch nicht mehr bedienen."[1] Dieses Zitat des Erfinders der Programmiersprache C++[2], Bjarne Stroustrup, spiegelt in wenigen Worten die hohe Komplexität, die steigende Bedeutung der Informationstechnologie (IT) und dessen starkes Wachstum in vielen privaten sowie wirtschaftlichen Bereichen in der heutigen Zeit wider[3].

Durch die daraus folgenden Innovationen entstanden in den letzten Jahren in zahlreichen Bereichen neue Produkte, die teilweise von der Presse als „revolutionär" bezeichnet wurden[4]. So ließ der inzwischen verstorbene Mitgründer Apples, Steve Jobs, bereits 2007 auf einer Messe verlauten: „Wir werden das Telefon neu erfinden."[5] Dementsprechend öffneten sich neuartige Geschäftsfelder, die es jetzt bestmöglich zu nutzen gilt. Eines davon wird im Allgemein als Internettelefonie oder Voice over Internet Protocol[6] (VoIP) bezeichnet und steht laut aktuellen Prognosen für die zukünftige Standardtechnologie der Sprach- und Videotelefonie.

1.1 Motivation und Zielsetzung

Deutschland als international wettbewerbsfähiger Standort bietet aufgrund einer starken Wirtschaftspolitik ideale Voraussetzungen für Forschung und Entwicklung[7]. Der deutsche Telekommunikationsmarkt zeigt dies als gesättigter, innovativer Markt mit immer schneller werdenden Produktzyklen deutlich. Waren im Jahr 2005 nur ein Viertel der Haushalte und die Hälfte aller Unternehmen mit einem Breitbandzugang ausgestattet, so liegen diese Werte seit Beginn 2012 bei circa 80 Prozent[8]. Gleichzeitig wuchs das Datenvolumen des stationären Breitbandverkehrs in den letzten zehn Jahren um circa 19.000 Prozent auf 4,3 Milliarden Gigabyte[9]. Auf den Anteil der deutschen Haushalte bezogen entspricht dies einem durchschnittlichen, monatlichen

---

[1] o.A. (2012), Online im Internet.
[2] Weit verbreitete, von der International Organization of Standardization genormte Programmiersprache
[3] Vgl. Stroustrup, Bjarne (2011), S.10.
[4] o.A. (2012a), Online im Internet.
[5] Gehlhoff, Beatrix/Schuld, Petra/Schütt, Ernst (2008), S.9.
[6] [eng.] Sprachübertragung über das datenpaketbasierte Internetprotokoll
[7] Vgl. Liecke, Michael/Schulz-Kamm, Eva/Schumann, Alexander (2011), S.3ff.
[8] Vgl. Statistisches Bundesamt, DESTATIS (2012), Online im Internet.; Statistische Amt der Europäischen Union, EuroStat (2012), Online im Internet.
[9] Vgl. Dialog Consult, VATM (2012), Online im Internet.

Datenvolumen von 12,1 Gigabyte pro Anschluss[10] im Jahr 2011. Ähnliche Tendenzen finden sich zudem im Mobilfunkbereich, wo sich in den letzten vier Jahren das Datenvolumen um 710 Prozent auf 93 Millionen Gigabyte im Jahr 2011 steigerte[11], was der Einführung von Datenflatrates und der darauffolgenden menschlichen Entwicklung zum mobilen, vernetzten Leben zu verdanken ist.

Die dargelegten Zahlen werden auch zukünftig weiter steigen, da die Anzahl der klassischen Festnetzanschlüsse (analog und digital) seit dem Jahr 2009 langsam, jedoch stetig abnimmt. Im Gegenzug lässt sich bereits durch einen Rückblick auf die letzten drei Jahre eine verhältnismäßig größere Steigerung der Verwendung der Internettelefonie über Kabel-TV-Netz sowie Digital Subscriber Line[12] (DSL) erkennen, siehe Abb. 1.

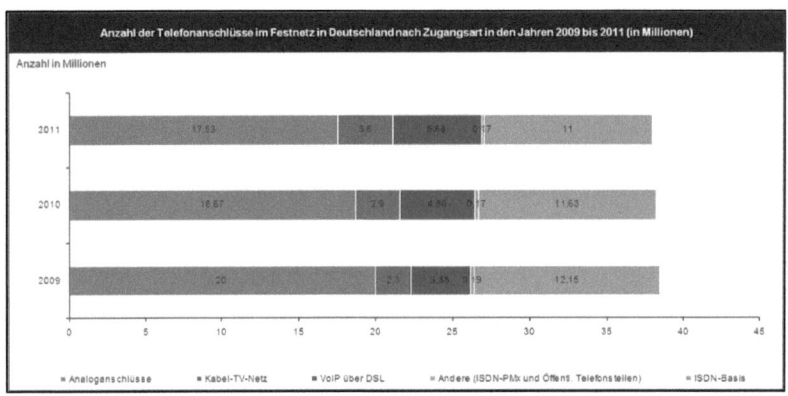

Abb. 1: Anzahl Telefonanschlüsse nach Zugangsart 2011
(Quelle: Entnommen aus: Bundesnetzagentur, BNetzA (2012a),
Online im Internet.)

Auf Basis dieser gewonnenen Erkenntnisse soll die Seminararbeit einen Überblick über die Next Generation Technologie „Voice over IP" gegenüber dem klassischen Festnetz geben, wobei der Status quo des (weltweiten) Softwareprojekts und dessen Zukunftsaussichten im Fokus stehen. Die Zielsetzung ist somit ein Vergleich der „alten" und „neuen" Telefonie-Welt mit der Fragestellung, ob der aktuelle Reifegrad der Internettelefonie einen Ersatz des klassischen Festnetzes in naher Zukunft ermöglicht.

---

[10] Vgl. Dialog Consult, VATM (2012a), Online im Internet.
[11] Vgl. Bundesnetzagentur, BNetzA (2012), Online im Internet.
[12] [eng.] Digitaler Teilnehmeranschluss; hier: Übertragungsstandard eines Breitbandzugangs über eine Teilnehmeranschlussleitung

1.2 Erläuterung der Gliederung

Die Hausarbeit wird in zwei grundsätzliche Bereiche aufgeteilt, um das beschriebene Ziel zu erreichen. Als erstes folgen die wichtigsten Fakten zum klassischen Festnetz mit Augenmerk auf dessen realisierten, technischen Möglichkeiten. Danach schließt sich ein ausführlicher Überblick über den aktuellen Stand der Technik VoIPs an, wo neben dem technischen Verständnis insbesondere der Blick auf das Qualitätsmanagement gerichtet wird. Ein Fazit inklusive Ausblick bildet den Schluss der Arbeit.

2 Das klassische Festnetz

„Festnetz ist nicht gleich Festnetz."[13] Seit der Erfindung des Telefons vor ungefähr 150 Jahren blieb zwar das grundlegende Prinzip der zwischenmenschlichen Kommunikation so gut wie unverändert, jedoch änderte sich dafür umso mehr das technologische Konzept der Sprachvermittlung von einem analogen zu einem digitalen Telefonnetz. Das in diesem Kontext üblicherweise als Public Switched Telephony Network (PSTN) bezeichnete Telefonnetz wird im deutschen Sprachgebrauch mit dem Begriff des klassischen Festnetzes gleichgesetzt. Hierbei ist festzuhalten, dass diese Architektur größtenteils auf analogen Teilnehmeranschlüssen beruht, jedoch mittlerweile die relevanten Systemknotenpunkte, die sogenannten Vermittlungsstellen, auf digitale Technik umgerüstet wurden. Der Grund für diese Maßnahme ist die Reduzierung der wartungs- sowie kostenintensiven Aufwände der analogen Technik gegenüber einem moderneren, digitalen System namens Integrated Services Digital Network[14] (ISDN).[15] Der nächste Technologiewandel steht jedoch schon bald bevor, da die Anzahl aller klassischen Festnetzanschlüsse in Deutschland in den letzten zehn Jahren um 25 Prozent auf 29,5 Millionen im Jahr 2011 sank[16]. Stattdessen nutzen die Teilnehmer kostengünstigere, alternative Kommunikationsmittel wie Voice over IP. Ein europäischer Vergleich der Haushalte mit Festnetzanschlüssen zeigt zudem, dass Deutschland trotz der dargestellten, hohen Wechselquote noch deutlich (mit 16 Prozentpunkten) über dem europäischen Durchschnitt von 71 Prozent im Jahr 2011 liegt[17]. So sprechen zahlreiche Telekommunikationsexperten von einem absehbaren,

---

[13] Thor, Alexander (2005), S.27.
[14] [eng.] dienstintegriertes, digitales Netz; hier: Standard eines digitalen Telefonnetzes
[15] Vgl. Thor, Alexander (2005), S.27.; Badach, Anatol (2010), S.2f.
[16] Vgl. Dialog Consult, VATM (2012b), Online im Internet.
[17] Vgl. Europäische Kommission, EUK (2012), Online im Internet.

schleichenden Ende der vorhandenen, klassischen, analogen wie digitalen Telefonnetzen in den nächsten zehn Jahren.

2.1 Die analoge Telefonie

Das mehr als 100 Jahre alte, analoge Telefonnetz bildet das ursprüngliche Gerüst eines Telekommunikationsnetzes. Der Aufbau entspricht einer hierarchischen Architektur bestehend aus Teilnehmeranschlüssen und verschiedenen Vermittlungsstellentypen, siehe Abb. 2.

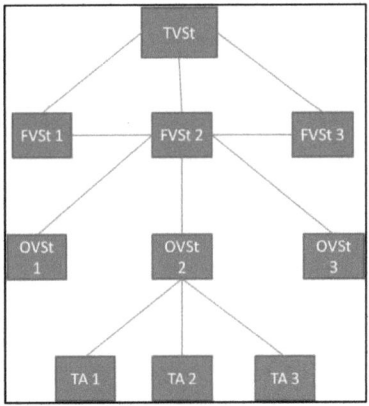

Abb. 2: Schema der hierarchischen Architektur des klassischen Festnetzes
(Quelle: Eigener Entwurf)

Dabei bilden die Teilnehmeranschlüsse (TA) der Endkunden die unterste Ebene, wo die nutzbaren Endgeräte wie ein Telefon oder Telefax angeschlossen werden können. Darüber befinden sich die Ortsvermittlungsstellen (OVSt); die die einzelnen Teilnehmeranschlüsse lokal anbinden. Die nächste Ebene sind die Fernvermittlungsstellen (FVSt), die die Ortsvermittlungsstellen miteinander verbinden, sodass nationale Telefongespräche möglich sind. Um internationale Verbindungen herstellen zu können, müssen die Teilnehmer über die Transitvermittlungsstellen (TVSt) in fremde, wiederrum nationale Telefonnetze geleitet werden.[18]
Hierbei sind die Teilnehmeranschlüsse anhand von weltweit einmaligen Telefonrufnummern eindeutig identifizierbar, was anhand der Struktur der einzelnen Teilnehmerrufnummern leicht nachvollziehbar ist, siehe Tab. 1.

---

[18] Vgl. Debes, Maik u.a. (2007), S.123f.

Ausscheidungsziffer	Landesvorwahl	Ortsnetzkennzahl	Private Rufnummer
00 oder +	49	(0) 221	123456

Tab. 1: Aufbau einer Telefonrufnummer im klassischen Festnetz
(Quelle: In Anlehnung an: Debes, Maik u.a. (2007), S.125f.)

Die analoge Telefonie ist der technisch einfachste Weg der Übertragung von Sprache, da die per Telefonmikrofon aufgenommenen Wörter der Teilnehmer ohne weitere Bearbeitung der elektrischen Schwingungen als analoges Sprachsignal zum Gesprächspartner übermittelt werden können. Leider ist diese Übertragungsart sehr ineffizient, da zur Sprachübertragung eine ständige Telefonverbindung erst aufgebaut und anschließend abgebaut werden muss (Leitungsvermittlung). Dies geschieht mit Hilfe des sogenannten Signalisierungsverfahrens, wobei spezielle akustische Signale (zum Beispiel das bekannte Freizeichen oder die unterschiedlichen Töne der Wahltasten) die entsprechenden Funktionen in den Vermittlungsstellen steuern, wie beispielsweise den Verbindungsaufbau zur Zielrufnummer.[19]

Ein wesentlicher Grund für die (Teil-)Fortführung des klassischen Telefonnetzes ist die Möglichkeit der Fernspeisung der kabelgebundenen Endgeräte am Teilnehmeranschluss. Bei einem (lokalen) Stromausfall kann somit weiterhin ein Telefongespräch geführt werden. Dies ist besonders in Situationen, die eine Gefahr für Leib und Leben darstellen, wichtig, sodass sich beispielsweise in Aufzügen, Türsprecheinrichtungen, Krankenhäusern und an automatisch verschließbaren Türen generell analoge Notfalltelefone befinden[20].

Seit der Digitalisierung der Vermittlungsstellen können analoge Teilnehmeranschlüsse zusätzliche ISDN-Komfortfunktionen nutzen, wie „schnelle Vermittlung, Anklopfen, Rückfragen, Anrufweiterschaltung, Dreierkonferenz und Makeln"[21]. Auf diese und weitere sogenannten Leistungsmerkmale wird im folgenden Kapitel näher eingegangen.

2.2 ISDN-Telefonie

Mit der Einführung ISDNs im Jahr 1996 schritt die Digitalisierung des bestehenden Telefonnetzes so weit voran, dass seit diesem Zeitpunkt aufgrund der digitalisierten

[19] Vgl. Badach, Anatol (2010), S.4f.
[20] Vgl. Fischer, Jörg (2008), S.175f.
[21] Frey, Horst/Huttary, Rudolf (2004), S.13.

Übertragungswege der neuen Vermittlungsstellen von einem digitalen Netz gesprochen werden kann. Der hierarchische Aufbau wurde dabei nicht verändert. Hier werden jedoch die Sprachsignale nicht mehr analog übermittelt, sondern erst mit Hilfe komplizierter Verfahren[22] digitalisiert, dann als Bitstrom übertragen und anschließend wieder in analoge, menschlich hörbare Signale (Schall) umgewandelt. Die ISDN-Technik stellt somit einen (zumindest europaweit) standardisierten, digitalen Sprachkanal bereit. Dieser muss wie bei der analogen Telefonie erst auf- und am Ende des Telefongesprächs wieder abgebaut werden. Auch hier macht man sich dafür ein digitales Signalisierungsverfahren zu Nutze, worauf aufgrund des nicht allzu technischen Fokus der Seminararbeit jedoch nicht weiter eingegangen wird.[23]

Mit ISDN werden im Allgemeinen besondere Komfortfunktionen des Telefonierens verbunden, wovon die bekanntesten in folgender Tabelle zusammengefasst sind:

Kurz-bezeichnung	Bezeichnung (Englisch)	Bezeichnung (Deutsch)	Funktionsbedeutung
CLIP / CLIR	Calling Line Identification Presentation / Restriction	Rufnummern-übermittlung / -unterdrückung	Anzeige der Rufnummer des Anrufers beim Angerufenen / Deaktivierung CLIP
CCBS / CCNR	Completion of Calls to Busy Subscriber / on No Reply	Rückruf bei Besetzt / Nicht-erreichbarkeit	Hinterlegen eines automatisierten Anruf-wunsches per OVSt
CW & HOLD	Call Waiting & Call Hold	Anklopfen & Halten, Rück-frage, Makeln	Zwei separate Anrufe gleichzeitig annehmen und umschalten
3PTY	Three Party Conference	Dreierkonferenz	Zusammenschaltung zweier Telefongespräche
CF	Call Forwarding	Anruf-weiterschaltung	Rufumleitung auf beliebige Zielrufnummer

Tab. 2: ISDN Leistungsmerkmale
(Quelle: In Anlehnung an: Thor, Alexander (2005), S.19ff.)

---

[22] Für technische Einzelheiten wird auf Debes, Maik u.a. (2007), S.70ff verwiesen.
[23] Vgl. Frey, Horst/Huttary, Rudolf (2004), 13. Thor, Alexander (2005), S.29f.; Badach, Anatol (2010), S.5f.

Neben den vielen (weiteren), neuen Leistungsmerkmalen des ISDNs wurde jedoch auf die Möglichkeit der Fernspeisung kabelgebundener Endgeräte explizit nicht verzichtet, damit trotz Digitalisierung jederzeit Notrufgespräche ermöglicht werden können[24].

3 Next Generation Technologie: Voice over IP-Telefonie

Wie in der Einleitung beschrieben, ist in den letzten Jahren ein enormes Wachstum im Breitbandbereich zu beobachten. Die immer flächendeckendere Abdeckung mit schnellen Datenübertragungsraten sorgt zudem bei deutschen Unternehmen sowie Haushalten für einen Durchbruch bei der Next Generation Technologie[25] „Voice over IP". So stiegen in den letzten fünf Jahren die Anzahl der VoIP-Anschlüsse über DSL und über Kabel-TV-Netz in Deutschland von anfänglich 410.000 im Jahr 2006 auf 9,05 Millionen im Jahr 2011[26].

Somit gewinnt die Internettelefonie spürbar immer mehr an Bedeutung, sodass sich ein genauerer Blick auf den Status quo des (weltweiten) Softwareprojekts mit besonderem Fokus auf den aktuell technisch realisierbaren Möglichkeiten lohnt.

3.1 Netzaufbau

Ein wichtiges, architektonisches Ziel der Voice over IP-Telefonie ist die Auflösung der zwei separaten Übertragungsnetze für Daten und Telefonie. Der Nutzen liegt in einer kostengünstigeren, einheitlichen und wartungsärmeren Infrastruktur. Durch den Wechsel weg von der klassischen Leitungsvermittlung hin zur paketorientierten Datenübertragung auf Basis des weltweit standardisierten, öffentlichen Internet Protocols[27] (IP) werden zusätzlich weitere Optimierungen erreicht, die nur noch durch die zur Verfügung stehende Bandbreite oder einem begrenzten Datenkontingent des jeweiligen Teilnehmers beschränkt werden.[28]

Aufgrund der Vereinheitlichung der Übertragungsplattform auf IP können alle aktuell möglichen Telekommunikations- sowie Mediendienste angebunden werden, siehe Abb. 3. Hierbei ist jedoch zu beachten, dass Unternehmen und Haushalte teils unterschiedliche Anforderungen an die Qualität der verschiedenen IP-Dienste stellen.

---

[24] Vgl. Frey, Horst (2006), S.23.
[25] Eine Next Generation Technologie bezeichnet die technische Umsetzung eines Next Generation Networks.
[26] Vgl. Bundesnetzagentur, BNetzA (2012b), S.71.
[27] [eng.] Internetprotokoll; weit verbreitetes, verbindungsloses Netzwerkprotokoll.
[28] Vgl. Thor, Alexander (2005), S.16.

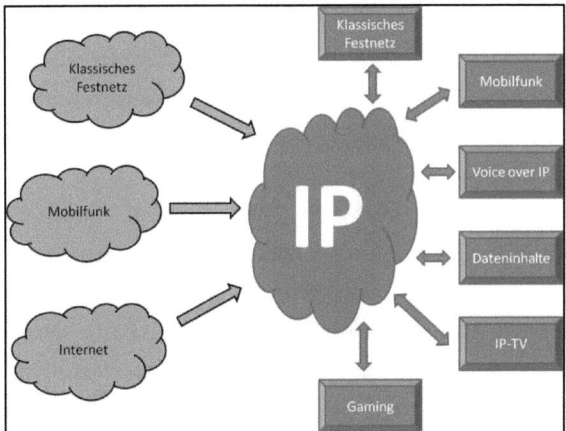

Abb. 3: Einige wichtige Kommunikationsdienste über ein IP-Netz
(Quelle: In Anlehnung an: Plückebaum, Thomas (2010), S.3.)

Beispielsweise stellt die Übertragung von hohen Datenmengen, insbesondere Videoinhalten (per IP-TV), deutliche Anforderungen an die Bandbreite, jedoch sind Rückmeldungen hier nicht echtzeitrelevant. Hingegen bei Spielen und VoIP-Telefonie steht besonders die Echtzeitkommunikation im Vordergrund, wobei die Ausreizung einer möglichst hohen Bandbreite vernachlässigbar ist.[29]

Aus diesem Grund entstanden die sogenannten Verkehrsklassen nach dem Institute of Electrical and Electronics Engineers[30] (IEEE) Standard 802.1Q, die das Verkehrsaufkommen in einem IP-Netz (mit Echtzeitanwendungen) in Kategorien aufteilen und somit der Verkehrsfluss entweder priorisiert oder nachrangig behandelt wird[31]. So wird mittlerweile ausdrücklich eine Trennung zwischen VoIP- und sonstigen Datenflüssen empfohlen[32]. Die dadurch erreichte Qualität eines IP-Dienstes wird im Allgemein, besonders im Telekommunikationsbereich, als Dienstgüte oder Quality of Service (QoS) bezeichnet, worauf im Kapitel 3.5 genauer eingegangen wird.

---

[29] Vgl. Plückebaum, Thomas (2010), S.4f.
[30] [eng.] Weltweit agierender Verband von Ingenieuren der Informatik zur Standardisierung der Informationstechnologie
[31] Vgl. Plückebaum, Thomas (2010), 11f.
[32] Vgl. Siegmund, Gerd (2012), S.22f.

8

3.2 Sprachkommunikation mittels Voice over IP

„VoIP ist nicht gleich VoIP."[33] Trotz des bekannten Schlagwortes verbergen sich hinter Voice over IP eine Reihe verschiedener Möglichkeiten, Internettelefonie zu ermöglichen, da es bis zum heutigen Tage keinen einheitlichen VoIP-Protokollstandard für Hersteller von Hard- sowie Software gibt.

Nichtsdestotrotz existieren bei der Internettelefonie protokollunabhängige Gemeinsamkeiten. So muss in jedem Fall immer eine Digitalisierung des gesprochenen Wortes mit Hilfe sogenannter (Audio-)Codecs[34] erfolgen, was zur Sicherheit sogar verschlüsselt werden kann. Anschließend wird das Ergebnis in einzelne IP-Pakete aufgeteilt und übertragen. Beim Empfänger müssen die einzelnen Teile korrekt und ohne große Verzögerung wieder zusammengesetzt, gegebenenfalls noch entschlüsselt und zum Schluss in eine analoge Ausgabe umgewandelt werden.[35]

Daraus ist erkennbar, dass bei der VoIP-Telefonie wie im klassischen Festnetz eine „fiktive", ständige Telefonverbindung erst aufgebaut und wieder abgebaut werden muss[36]. Um solch eine als Voice over IP-Session bezeichnete Telefonverbindung zu ermöglichen, werden demnach folgende zwei Kategorien von VoIP-Protokollen benötigt: Sprachübermittlungs- und Signalisierungsprotokolle. Für die Sprachübermittlung in Echtzeit hat sich mittlerweile das Real-Time Transport Protocol (RTP) als Standard etabliert. Im Gegensatz dazu konnte sich bisher keine Signalisierungstechnologie komplett durchsetzen, jedoch konkurrieren aktuell nur noch die zwei populärsten Protokolle miteinander: H.323 und Session Initiation Protocol (SIP).[37]

3.2.1 Real-Time Transport Protocol (RTP)

Das Real-Time Transport Protocol bildet die wichtigste Komponente der Voice over IP-Telefonie, da ohne sie ein Telefongespräch in Echtzeit nicht möglich wäre. RTP wurde bereits vor fünfzehn Jahren für multimediale Echtzeit-Anwendungen konzipiert und ist seit dem Jahr 2003 als Request for Comments[38] (RFC) 3550 gültig. Es teilt sich auf in

---

[33] Thor, Alexander (2005), S.189.
[34] [eng.] Kunstwort aus den englischen Begriffen COder und DECoder
[35] Vgl. Thor, Alexander (2005), S.16f.
[36] Vgl. Badach, Anatol (2010), 9f.
[37] Vgl. Badach, Anatol (2010), S.102f.
[38] [eng.] Bitte um Kommentare; hier: Standards des Internets

das RTP und Real-Time Transport Control Protocol (RTCP), die jeweils unterschiedliche Aufgabenbereiche besitzen.[39] Das RTP sorgt als virtueller Sprachkanal für die schnellstmögliche Übertragung der Telefongesprächsdaten und der korrekten, eindeutigen Reihenfolge der VoIP-Pakete, um ein stabiles VoIP-Telefonat ermöglichen zu können, sodass es als verbindungsloses Protokoll auf jegliche Art von Rückmeldungen/Bestätigungen verzichtet. Um die Echtzeitkommunikation per RTP dennoch zu überwachen und die Dienstgütekonformität sicherzustellen, überträgt RTCP als Kontrollkanal parallel zum Gespräch in regelmäßigen Abständen RTP-Statusinformationen, um die Übertragungsqualität des Telefongesprächs beispielsweise durch eine ausreichende Bandbreite zu prüfen und abzusichern.[40]

3.2.2 H.323

Der VoIP-Standard H.323 ist ein von der International Telecommunication Union[41] (ITU) verabschiedetes, weltweit anerkanntes Normen-Rahmenwerk, das Regeln für multimediale Inhalte - Audio und Video - in (IP-)paketbasierten Netzen bereitstellt. Es gilt als erstes VoIP-Protokoll, das RTP zur Sprachübermittlung nutzt. Der Aufbau der H.323-Architektur ist - bedingt durch die Herkunft des Standards - angelehnt an die hierarchische Struktur des klassischen Festnetzes, sodass anstatt Vermittlungsstellen mindestens ein sogenannter Gatekeeper[42] existiert. Dieser Gatekeeper fungiert als Registrationsort aller Teilnehmer des H.323-Netzes und kann gleichzeitig ein mögliches Gateway[43] zum klassischen Festnetz bilden, siehe Abb. 4.[44]

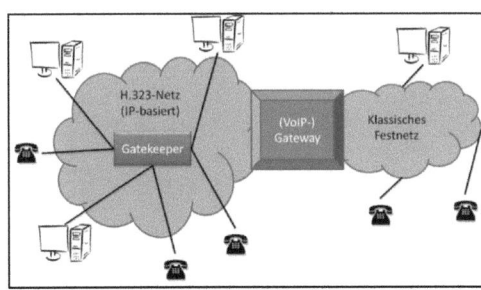

Abb. 4: Schema H.323-Netz
(Quelle: In Anlehnung an: Badach, Anatol (2010), S.224.)

---

[39] Vgl. Fischer, Jörg (2008), S.126.; Badach, Anatol (2010), S.221f.
[40] Vgl. Fischer, Jörg (2008), S.127f.; Badach, Anatol (2010), S.147; S.183.
[41] [eng.] Internationale Fernmeldeunion; Organisation der Vereinten Nationen zur Telekommunikation
[42] [eng.] Pförtner; hier: Zentrale Instanz eines H.323-Netzes
[43] [eng.] Übergabestelle; emulierende Schnittstelle zum PSTN
[44] Vgl. Fischer, Jörg (2008), S.180ff.

Da diese Art einer zentralisierten Architektur bei einer hohen Teilnehmeranzahl schnell an Skalierungsprobleme stößt, wird H.323 aktuell nur in Unternehmen oder Netzen mit begrenztem Teilnehmerkreis eingesetzt. Trotz der Unterstützung aller standardmäßigen ISDN-Leistungsmerkmale bei H.323 wird dem konkurrierenden Session Initiation Protocol die Zukunft bei Voice over IP zugesprochen.[45]

3.2.3 Session Initiation Protocol (SIP)

Im Kontrast zu H.323 wurde drei Jahre nach dessen Veröffentlichung von der Internet Engineering Task Force[46] (IETF) das Session Initiation Protocol vorgestellt. Aufgrund seiner offenen Struktur, der einfachen Verständlichkeit und leichten Erweiterbarkeit wurde und wird es andauernd weiterentwickelt, sodass das Hauptdokument aktuell als RFC 3261 aus dem Jahr 2002 vorliegt. Daneben existieren mittlerweile über hundert zusätzliche RFCs, die ergänzende Funktionen spezifizieren, da SIP ursprünglich ein universell einsetzbares Kommunikationsprotokoll zur Übertragung von multimedialen Echtzeitinhalten darstellt. Heutzutage dient es als Quasi-Standard für Voice over IP, das wie H.323 zur Sprachübermittlung das Real-Time Transport Protocol benutzt.[47]

Es ist durch die Tatsache, dass SIP auf den gleichen Grundsätzen wie das seit langem etablierte Hypertext Transfer Protocol[48] (HTTP) basiert, nicht verwunderlich, dass es durch die Berücksichtigung der IP-paketbasierten Netzwerkanforderungen besser an die Internetarchitektur angepasst ist[49]. Dies spiegelt sich deutlich im architektonischen Aufbau des VoIP-Protokolls wieder:

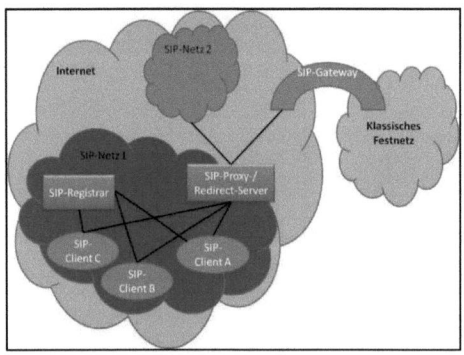

Abb. 5: SIP-Architekturschema
(Quelle: In Anlehnung an: Detken, Kai-Oliver/Eren, Evren (2007), S.58.)

---

[45] Vgl. Fischer, Jörg (2008), S.180ff.
[46] [eng.] rechtsformlose Organisation mit dem Ziel der technischen Weiterentwicklung des Internets
[47] Vgl. Badach, Anatol (2010), S.273ff.
[48] [eng.] Hypertext-Übertragungsprotokoll; Übertragung von Netzwerkdaten des World Wide Webs
[49] Vgl. Badach, Anatol (2010), S.104.

Auf der einen Seite existieren die zahlreichen Teilnehmerendgeräte, die SIP-Clients. Sie treten zwar in verschiedenen Typen auf, z.b. Personal Computer mit Telefonsoftware, IP-Telefon (an einer Haustelefonanlage) oder Mobilfunkgerät mit installierter Softwareapplikation und gegebenenfalls WLAN[50]-Zugang, jedoch werden sie alle gleich behandelt. Daneben sind auf der anderen Seite die unbedingt erforderlichen, netzzentralen Komponenten SIP-Registrar und SIP-Proxy bzw. SIP-Redirect-Server vorhanden. Der SIP-Registrar registriert bei der zwingenden SIP-Client-Anmeldung die eindeutige IP-Adresse des Teilnehmers und fungiert somit als „örtliche Vermittlungsstelle", die die üblichen „ISDN-Leistungsmerkmale" bis auf wenige Ausnahmen wie Electronic Cash[51] (EC)-Anwendungen ermöglicht. Um vom eigenen SIP-Netz zu einem anderen eine Verbindung herzustellen, bildet der SIP-Proxy bzw. SIP-Redirect-Server als „Fernvermittlungsstelle" die Brücke dazu. Zudem besteht die optionale Möglichkeit, mit Hilfe der Emulation des ISDN-D-Kanal-Protokolls[52] in einem SIP-Gateway die VoIP-Telefonie ins klassische Festnetz zu integrieren.[53]

3.3 Teilnehmerkennungen bei Voice over IP

Jedes VoIP-Signalisierungsprotokoll kann unterschiedliche Teilnehmerkennungen festlegen, sodass diese VoIP-Netze untereinander nicht oder wenn nur sehr bedingt und mit großem Aufwand miteinander kompatibel wären. Beispielsweise wird die eigene Teilnehmerkennung beim Session Initiation Protocol als SIP-Uniform Ressource Identifier (SIP-URI) definiert. Diese ähnelt aufgrund ihres Aufbaus „sip:<username>@<sip-netz>" sehr dem Konzept von E-Mail-Adressen. Durch den Aufbau dieses logischen (SIP-)Telefonnetzes im Internet bleibt jeder Teilnehmer weltweit in seinem SIP-Netz, was im Gegensatz zu H.323 zur hohen Akzeptanz der Technologie führte und weiterhin führt.[54]

Trotz dieser Entwicklung wird eine protokollunabhängige, internationale Lösung angestrebt und aktuell erforscht. Im klassischen Festnetz erfolgt die eindeutige Teilnehmerkennung durch die Teilnehmerrufnummer, die - wie bereits in der Tab. 1 dargestellt - immer nach dem internationalen Rufnummernformat E.164 der ITU definiert ist. Hier werden die Teilnehmerrufnummern hierarchisch von links nach rechts

---

[50] Wireless Local Area Network; [eng.] drahtloses, lokales Funknetzwerk nach IEEE-Standard 802.11
[51] [eng.] Debitkarten-Bezahlsystem der deutschen Kreditwirtschaft; hier: Betreiben eines EC-Terminals
[52] Signalisierungsprotokoll des ISDNs mit der Aufgabe der Steuerung der Telefonverbindung im PSTN
[53] Vgl. Thor, Alexander (2005), S.250f.; Detken, Kai-Oliver/Eren, Evren (2007), S.59f.
[54] Vgl. Badach, Anatol (2010), S.277ff.

aufgebaut, was genau der von rechts nach links gelesenen Hierarchie von Internetressourcen im Domain Name Service[55] (DNS) entgegensteht. Dadurch entstand das Telephone Number Mapping[56] (ENUM), um beide Ansätze harmonisch miteinander zu vereinen. Durch die folgenden fünf Schritte kann jede Teilnehmerrufnummer in eine einmalige ENUM-Teilnehmerkennung umgewandelt werden, sodass jeder VoIP-Teilnehmer protokollunabhängig weltweit eindeutig identifizierbar ist:[57]

Schritt	Aktion	Ergebnis
1	Teilnehmerrufnummer (klassisches Festnetz)	+49 221 123456
2	Entfernen aller Nichtziffern	49221123456
3	Einfügen von Punkten zwischen den Ziffern	4.9.2.2.1.1.2.3.4.5.6
4	Umkehren der Reihenfolge der Ziffern	6.5.4.3.2.1.1.2.2.9.4
5	Anhängen des ENUM-Domänensuffix	6.5.4.3.2.1.1.2.2.9.4.e164.arpa

Tab. 3: Die 5 Umformungsschritte zur eindeutigen ENUM-Teilnehmerkennung
(Quelle: In Anlehnung an: Thor, Alexander (2005), S.267.)

3.4 Fax over IP (FoIP)

Neben der offensichtlichen Sprachtelefonie bildet die Internettelefonie des Weiteren die etablierte Telefaxkommunikation des klassischen Festnetzes ab. Dies wird durch Fax over IP (FoIP) erreicht. Hierbei gelten strengere Qualitätsanforderungen an die aufgebaute VoIP-Session, da die Übertragung eines Faxes unkomprimiert über eine komplett störungsfreie Leitung erfolgen muss. So setzt eine fehlerfreie Übertragung der Telefaxinhalte voraus, dass einerseits der verwendete Audiocodec dem ISDN-Sprachqualitätsstandard G.711(a)[58] der ITU entspricht und andererseits die Faxübermittlung per ITU-Standard T.38[59] in Echtzeit erfolgt. Außerdem muss aufgrund der fehlenden Audiokomprimierung eine ausreichend große Bandbreite am Teilnehmeranschluss zur Verfügung stehen.[60]

---

[55] [eng.] Netzwerkdienst zur Namensauflösung von Hostnamen zu IP-Adressen
[56] [eng.] Zentrale Teilnehmerkennung für beliebige, hinterlegbare Kommunikationsmittel, wie Telefon, E-Mail, Mobilfunkgerät, Fax
[57] Vgl. Thor, Alexander (2005), S.265f.
[58] Codec zur Digitalisierung analoger Töne
[59] Spezifizierung des Internet Facsimile Protocols (IFP), das die Faxdaten verbindungsorientiert überträgt
[60] Vgl. Thor, Alexander (2005), S.288.; Schieb, Jörg (2006), S.206f.

3.5 Qualitätsanforderungen an Voice over IP

Die Internettelefonie wird ständig mit dem Leistungsumfang des klassischen Festnetzes verglichen, so ebenfalls bei der Qualität der Dienstgüte. Der bereits vorher eingeführte Begriff Quality of Service ist demnach auf die gesamte Telekommunikationsbranche anzuwenden und beschreibt „die Übertragung bzw. die Bereitstellung oder Erfüllung eines Dienstes in einer vom Benutzer akzeptierten Qualität"[61]. Die größten Einflussfaktoren bilden bei Voice over IP die Bandbreite, die Ende-zu-Ende-Verzögerung, mögliche Schwankungen der Übermittlungszeiten und der IP-Paketverlust[62], die im Folgenden näher erläutert werden.

Eine schwankende Auslastung der Bandbreite des Teilnehmeranschlusses während eines VoIP-Telefongesprächs kann zu kurzfristigen, akustischen Störungen bis hin zu einem kompletten Verbindungsabbruch führen, sodass der Ruf nach einer temporären, garantierten Bandbreitenreservierung beim Verbindungsaufbau einer VoIP-Session laut wurde. Dies wird mit Hilfe des sogenannten Queue-Managements[63] erreicht, wodurch alle IP-Pakete mit multimedialen Inhalten höher priorisiert und damit vorrangig vor sonstigen Datenpaketen übertragen werden[64]. Diese Maßnahme dient der Reduzierung der Zeitspanne zwischen dem Senden eines Sprachsignals bis zum Empfang desselbigen beim Gesprächspartner (Ende-zu-Ende-Verzögerung), wobei ein Grenzwert bis 150 Millisekunden angestrebt wird[65]. Die rechtzeitige Ankunft wird durch die Architektur eines paketbasierten Netzwerks erschwert, da aufeinanderfolgende IP-Pakete unterschiedlich lange Wege nehmen können. Aufgrund der Echtzeitrelevanz kann auf solche Übermittlungsschwankungen keine Rücksicht genommen werden, sodass „zu spät angekommene" IP-Pakete einfach verworfen werden (Paketverlust). Da dadurch direkte Auswirkungen auf die Gesprächsqualität die Folge sind, liegt hier der empfohlene Grenzwert bei bis zu fünf Prozent[66].

Die vorgestellten Qualitätsparameter werden zur besseren Vergleichbarkeit mit anderen Netztypen in einem ITU-Index namens Mean Opinion Score (MOS) zusammengefasst. Seine Skala reicht von 1 (schlecht) bis 5 (exzellent), wobei Analogtelefonie bei 3.5, ISDN-Telefonie bei 4.5 und VoIP-Telefonie dazwischen (4.0) liegt[67]. Weiterhin müssen

---

[61] Fischer, Jörg (2008), S.109.
[62] Vgl. Thor, Alexander (2005), S.253.
[63] [eng.] Warteschlangen-Management; hier: verschiedene Ansätze der Priorisierung von IP-Paketen
[64] Vgl. Badach, Anatol (2010), S.130f.
[65] Vgl. Badach, Anatol (2010), S.117ff.
[66] Vgl. Thor, Alexander (2005), S.256.
[67] Vgl. Fischer, Jörg (2008), S.109ff.

die typischen Qualitätsanforderungen an Hochverfügbarkeitsnetze bei Voice over IP-Infrastrukturen angesetzt werden, wie die Ausfallsicherheit durch den Einsatz von Redundanzen, um die geforderte, ständige Erreichbarkeit aller VoIP-Teilnehmer zu gewährleisten. Daneben sind weitere, spezielle Telekommunikationsanforderungen zu berücksichtigen. Neben der wichtigen Möglichkeit der Amtsfernspeisung für Notruftelefone müssen die gesetzlichen Vorgaben des Telekommunikationsgesetzes, insbesondere des Teils 7 bezüglich Fernmeldegeheimnis, Datenschutz und öffentliche Sicherheit, durch den Einsatz von Sicherheitsmechanismen in der Voice over IP-Architektur erfüllt werden[68].

4 Fazit und Ausblick

Das anfangs gesetzte Ziel der Seminararbeit war der Vergleich der „alten" und „neuen" Telefonie-Welt mit der Fragestellung, ob der aktuelle Reifegrad der Internettelefonie einen Ersatz des klassischen Festnetzes in naher Zukunft ermöglicht. Rückblickend lässt sich diese Frage mit ein paar Vorbehalten durchaus bejahen.

Der Status quo des weltweiten Softwareprojekts ermöglicht durch die Verschränkung der VoIP-Plattform mit dem PSTN und den implementierten Sicherheitsmaßnahmen bereits heute ausreichende Telefonie-Qualität im Privatkundenbereich. Um jedoch den unternehmerischen Anforderungen vollkommen gerecht zu werden, bedarf es noch einigen Optimierungen und weltweit verbreiteten VoIP-Standards, wie einer garantierten, fehlerfreien Übertragung betrieblicher Kommunikation, weltweite Steuerung/ Priorisierung des gesamten Internetdatenverkehrs[69], ein lokalisierendes Notrufsystem und eine eindeutige, offizielle Teilnehmerkennung. „Gelingt dies, [...] gehört dieser Art des Telefonierens die Zukunft."[70] Dafür sprechen zudem die Prognosen der innovativen ICT[71]-Unternehmen Cisco Systems[72] und Deutsche Telekom AG[73], da sie einen starken Anstieg des weltweiten VoIP-Datenvolumens bis zum Jahr 2016 voraussagen und gleichzeitig ein immer schnelleres, flächendeckendes Breitbandnetz (in Deutschland) aufbauen[74]. Somit bleibt es nur noch eine Frage der

---

[68] Vgl. Juris, Bundesministerium (2012), Online im Internet.
[69] Kritiker sehen in priorisierten Diensten eine Gefährdung des Prinzips der Netzneutralität des Internets.
[70] Thor, Alexander (2005), S.253.
[71] Information and Communication Technology; [eng.] Branche der Informations- und Kommunikationstechnik
[72] Amerikanisches Telekommunikationsunternehmen; Spezialisierung auf Netzwerktechnik
[73] Deutsches Telekommunikationsunternehmen; Betreiber und Dienstleister von ICT-Produkten
[74] Vgl. Cisco Systems, Cisco (2012), Online im Internet.; Wirtz, Bernd (2012), Online im Internet.

Zeit, bis das klassische Festnetz durch ein modernes Next Generation Network[75] abgelöst wird, wobei die Grundsätze des klassischen Festnetzes immer der Ursprung der Telekommunikation bleiben wird.

---

[75] [eng.] Netzwerk der nächsten Generation; hier: Telekommunikationsnetz der nächsten Generation auf Basis eines paketvermittelnden Netzwerks (anstatt einer leitungsvermittelnden Infrastruktur)

Quellenverzeichnis

I) Monographien:

1. Badach, Anatol (2010): Voice over IP - Die Technik, 4. Auflage. München, Carl Hanser Verlag, 2010.

2. Bundesnetzagentur, BNetzA (2012b): Jahresbericht 2011. Bonn, Bundesnetzagentur Presse und Öffentlichkeitsarbeit, 2012.

3. Debes, Maik u.a. (2007): Digitale Sprach- und Datenkommunikation. München, Carl Hanser Verlag, 2007.

4. Detken, Kai-Oliver/Eren, Evren (2007): VoIP Security. München, Carl Hanser Verlag, 2007.

5. Fischer, Jörg (2008): VoIP Praxisleitfaden. München, Carl Hanser Verlag, 2008.

6. Frey, Horst/Huttary, Rudolf (2004): Analog, ISDN und T-DSL Handbuch. Poing, Franzis Verlag GmbH, 2004.

7. Frey, Horst (2006): ISDN und DSL selbst einrichten, Band 6. Poing, Franzis Verlag GmbH, 2006.

8. Gehlhoff, Beatrix/Schuld, Petra/Schütt, Ernst (2008): Chronik 2007 - Der vollständige Jahresrückblick, 1. Auflage. Auflage. o. O., Wissen Media Verlag, 2008.

9. Liecke, Michael/Schulz-Kamm, Eva/Schumann, Alexander (2011): DIHK Innovationsreport 2011. Berlin, Deutscher Industrie und Handelskammertag e. V., 2011.

10. Plückebaum, Thomas (2010): IP-Netze und Quality of Service. Bonn, Telecom e.V., 2010.

11. Schieb, Jörg (2006): Voice over IP: Telefonieren über das Internet . Kilchberg, Smartbooks, 2006.

12. Siegmund, Gerd (2012): Bandbreitenberechnungen in VoIP-Systemen. Hilden, VAF Bundesverband Telekommunikation e.V., 2012.

13. Stroustrup, Bjarne (2011): Die C++ Programmiersprache, 4. Auflage. Auflage. München, Addison-Wesley Verlag, 2011.

14. Thor, Alexander (2005): Internet-Telefonie - VoIP für Alle!. München, Carl Hanser Verlag, 2005.

Quellenverzeichnis

II) Internetquellen:

1. Bundesnetzagentur, BNetzA (2012): Statista. Online in Internet:
   http://de.statista.com/statistik/daten/studie/172798/umfrage/datenvolumen-im-
   deutschen-mobilfunkmarkt-seit-2005/, Stand: 03.08.2012.

2. Bundesnetzagentur, BNetzA (2012a): Statista. Online in Internet:
   http://de.statista.com/statistik/daten/studie/154996/umfrage/zugang-zur-
   sprachkommunikation-nach-ausgewaehlten-telefonzugaengen-anschluessen/,
   Stand: 03.08.2012.

3. Cisco Systems, Cisco (2012): Statista. Online in Internet:
   http://de.statista.com/statistik/daten/studie/152537/umfrage/prognose-zum-
   traffic-durch-voip-weltweit/, Stand: 13.08.2012.

4. Dialog Consult, VATM (2012): Statista. Online in Internet:
   http://de.statista.com/statistik/daten/studie/3565/umfrage/datenvolumen-des-
   breitband-internetverkehrs-in-deutschland-seit-dem-jahr-2001/, Stand:
   03.08.2012.

5. Dialog Consult, VATM (2012a): Statista. Online in Internet:
   http://de.statista.com/statistik/daten/studie/3564/umfrage/durchschnittliches-
   datenvolumen-pro-anschluss-seit-2001/, Stand: 03.08.2012.

6. Dialog Consult, VATM (2012b): Statista. Online in Internet:
   http://de.statista.com/statistik/daten/studie/196016/umfrage/anzahl-der-
   festnetzanschluesse-in-deutschland-seit-2001/, Stand: 04.08.2012.

7. Europäische Kommission, EUK (2012): Statista. Online in Internet:
   http://de.statista.com/statistik/daten/studie/195346/umfrage/haushalte-mit-
   festnetzanschluss-in-deutschland-seit-2006/, Stand: 04.08.2012.

8. Juris, Bundesministerium (2012): Telekommunikationsgesetz (TKG). Online in
   Internet: http://www.gesetze-im-internet.de/tkg_2004/BJNR119000004.html,
   Stand: 12.08.2012.

9. o.A. (2012): Zitate. Online in Internet: http://www.zitate-
   online.de/literaturzitate/allgemein/19928/ich-habe-mir-immer-gewuenscht-dass-
   mein-computer.html, Stand: 03.08.2012.

10. o.A. (2012a): Welt Online. Online in Internet:
    http://www.welt.de/print/wams/finanzen/article108407681/Angriff-auf-
    Apple.html, Stand: 03.08.2012.

Quellenverzeichnis

11. Statistische Amt der Europäischen Union, EuroStat (2012): Statista. Online in Internet: http://de.statista.com/statistik/daten/studie/154331/umfrage/haushalte-mit-breitbandzugang-in-deutschland/, Stand: 03.08.2012.

12. Statistisches Bundesamt, DESTATIS (2012): Statista. Online in Internet: http://de.statista.com/statistik/daten/studie/151765/umfrage/anteil-der-unternehmen-mit-breitbandzugang-in-deutschland/, Stand: 03.08.2012.

13. Wirtz, Bernd (2012): Deutschland Online - Unser Leben im Netz. Online in Internet:

http://de.statista.com/statistik/daten/studie/6069/tab/2/umfrage/entwicklung-der-breitband-bandbreiten-in-deutschland-bis-2015/, Stand: 13.08.2012